TAPAS

FÁCILES

TOMÁS GARCÍA

RBA

Título original: *Tapas made easy*
Autor: Tomás García
Traducción: Mar Albacar
Composición: Anglofort, S.L.

La edición original fue publicada el 2004 por New Holland Publishers (UK) Ltd

© del texto y las fotografías, New Holland Publishers (UK) Ltd, 2004
© New Holland Publishers (UK) Ltd, 2004
© de esta edición, RBA Libros, S.A., 2004
Pérez Galdós, 36 – 08012 Barcelona
rba-libros@rba.es
www.rbalibros.com

Primera edición: julio de 2004

Ref. LPG-23
ISBN: 84-7871-115-5

AGRADECIMIENTOS

A Adela Lana, mi suegra, que tan generosamente me ha nutrido con
amor y alimento durante tanto tiempo. Ella, como sus hermanas
Josefa y Olga, me ha hecho comprender mejor la generosidad del
corazón y del espíritu español.

También doy las gracias a John y Alex, quienes han hecho que
la tarea de hacer unas fotografías con una técnica excelente e
imaginativa parezca tan normal y sencilla como untar la mantequilla
sobre el pan; a Clare, la redactora organizada y tolerante que todos
querríamos tener; y a Abi, cuya capacidad para dar vida a estas
recetas fue una auténtica revelación, además de que ya ocupa un
puesto entre las estrellas del firmamento culinario.

TAPAS

FÁCILES

INTRODUCCIÓN

Puede afirmarse sin reparos que España posee la cultura de bar más civilizada del mundo. Y las tapas simbolizan toda una filosofía de vida.

Las tapas son, según la Real Academia Española, «cualquier porción de alimento sólido capaz de acompañar una bebida», una definición que no pone ningún límite a lo que hoy en día forma parte de la riqueza gastronómica de todas las tradiciones culturales españolas. La diversidad no se limita solamente a los ingredientes o a ofrecer «raciones» de los platos tradicionales, sino que está llegando también a seducir a los grandes maestros de la cocina actual, que están aportando creatividad y modernidad al mundo de las tapas.

«Ir de tapas» es una metáfora del carácter mediterráneo: representa compartir un momento, un lugar y una conversación improvisada, que favorece el encuentro entre los habituales del bar y los que van de paso. La tapa permite que la bebida y la conversación sean más duraderas.

Este libro quiere ofrecer una selección de tapas tradicionales y nuevas recetas creativas que pueden prepararse en casa fácilmente, con productos que pueden encontrarse en cualquier mercado. También se han utilizado algunos ingredientes que pueden sorprender al lector por no ser los más comunes en la cocina de las tapas, pero que les van a dar un toque original y novedoso: la salsa de soja, la papaya, el aguacate, el salmón ahumado o la pasta de curry pueden satisfacer los paladares más sofisticados.

Las tapas que se han seleccionado son típicas de diferentes lugares: no faltan los montaditos, los fritos, las tortillas, los pinchos, las croquetas, las albóndigas... La elaboración de las recetas se ha simplificado al máximo para que puedan realizarse en poco tiempo. Se incluyen también las recetas de las salsas básicas. El lector encontrará todo lo necesario para ofrecer una gran variedad de tapas a sus invitados, así que lo único que tendrá que hacer, para asegurarse el éxito, es conseguir en el mercado los ingredientes más frescos y de mejor calidad posible, ya que el mejor de los resultados dependerá únicamente de ellos.

HISTORIA DE LAS TAPAS

Existen varias teorías sobre el origen de las tapas. Algunos atribuyen esta tradición culinaria a Alfonso X, conocido como «el Sabio», rey de Castilla y León, o, mejor dicho, a su cocinero, que trataba el agotamiento del rey con una sucesión diaria de platos muy pequeños, cada uno de ellos acompañado con un vasito de vino. Su recuperación era tan notable que el viejo rey quiso difundir la noticia: comed poco y a menudo, ordenó, y viviréis más tiempo.

Una explicación menos poética del origen de las tapas las relaciona con el verbo *tapar*. Parece ser que se utilizaban lonchas de jamón o queso para cubrir los *potes*, copas de vino hechas con arcilla, para mantener alejadas a las moscas. De estos orígenes poco higiénicos surgió la maravillosa variedad de tapas que conocemos en nuestros días. Otra teoría afirma que nacieron como una forma de proporcionar energía en las horas centrales del día o como un tentempié para después de la siesta.

Progresivamente, se fue tomando conciencia de que las tapas no solamente eran deliciosas y sustanciosas sino que también resultaban adecuadas para el organismo, dado que absorben parte del alcohol con que se acompañan. Las aceitunas, las nueces o las lonchas de embutidos, ya sea salchichón o chorizo, el pescadito frito, conservado en aceite o macerado en vinagre, el hojaldre con todo tipo de aromatizantes…, todos estos ingredientes se convirtieron en esenciales. El Nuevo Mundo dio a conocer sus tesoros, entre ellos la humilde patata, que ofrecía una nada despreciable gama de posibilidades, convirtiéndose en el ingrediente más importante de la siempre apetecible tortilla de patatas.

Y, además, es una tradición moderna que refleja un mundo en constante cambio a medida que nuevos ingredientes y pequeñas pero perfectamente modeladas fantasías se emplatan ante las deleitadas miradas y sonoros apetitos de los parroquianos. La tradición española de las tapas, la copa y el pica-pica en el local habitual está más al día que nunca.

CÓMO SE SIRVEN LAS TAPAS

Tapa es un término general que se utiliza para designar aquel pequeño tentempié que se toma desenfadadamente de pie para acompañar una copa. Sus presentaciones son múltiples y puede estar formada por cualquier ingrediente, desde unas cuantas aceitunas rellenas hasta una crujiente alcachofa frita o un humeante estofado de chorizo. La recetas de este libro se han agrupado en función de cómo se servirían en un bar. Los palillos de cóctel son una herramienta indispensable para disfrutar de las tapas y se utilizan para pinchar o ensartar una amplia variedad de ellas. Se conoce como *pinchos* a todas aquellas tapas que se sirven ya atravesadas o acompañadas de palillos de cóctel o brochetas. Existe toda una gama de tapas que se montan en capas sobre pan tostado: son los *montaditos* o *tostas*. Las tartaletas de hojaldre se convierten en prácticos *contenedores*: en ellas se pueden introducir toda clase de exquisitos ingredientes.

Para la mayoría de personas, lo bueno de las tapas es que se puede disfrutar de tres o cuatro platos distintos sin tener la sensación de estar excediéndose. Al elaborar tapas resulta muy útil pensar en una combinación de platos equilibrada y elegir aquellos ingredientes que se complementen y contrasten entre ellos. Piense en el intenso sabor de un plato de boquerones adobados, el picante chorizo con sabor a pimiento o el potente aroma de una brocheta de cerdo al ajillo, e imagine lo bien que combinan estos platos. Si está preparando la comida para una fiesta, no se complique demasiado la vida y limítese a pocos platos. Algunas tapas como las gildas (véase la página 53) se pueden preparar con antelación.

Las tapas se concibieron para acompañar un vino pero, naturalmente, se pueden saborear combinadas con otras bebidas. Hoy en día se puede afirmar que en los bares españoles se consume más cerveza que vino, en especial entre los más jóvenes. Es una práctica habitual en muchos bares pedir un corto, un chatito de cerveza, para acompañar las tapas.

La costumbre de ir cambiando de bar (también llamada *tapeo* o *chiquiteo*), hace que sean más prácticas las bebidas pequeñas. Es todo un triunfo de la evolución de la ingeniería social: la proporción de alimento respecto a la de alcohol es más equilibrada, la gente se mueve dentro de un área limitada llena de pequeños bares (tascas) e, inevitablemente, se encuentran con rostros familiares, al tiempo que se garantiza la clientela a gran cantidad de bares más pequeños capaces de ofrecer una amplia o especializada gama de tapas frescas a buen precio y a un público que cambia constantemente. En pocas palabras, es una convivencia fluida.

El jerez también es un buen acompañamiento para las tapas. Un fino, un oloroso o una manzanilla fría es el acompañamiento perfecto para las comidas que se muestran en este libro.

INGREDIENTES

A pesar de que nos hemos acostumbrado a que los supermercados dispongan de una gran selección de ingredientes de todo el mundo, las auténticas tapas se basan todavía hoy en los ingredientes tradicionales. Éstos son los elementos básicos con los que debe contar cuando quiera preparar unas tapas en casa.

Lo más simple, las aceitunas: de las tradicionales «manzanilla» a las aliñadas y las rellenas de pimiento, anchoa o almendras. Para preparar las «gildas» (receta en pág. 53) necesitarás también guindillas en vinagre, que podrás encontrar en cualquier supermercado.

No puede faltar el chorizo y, los mejores, el ibérico y el de Cantimpalo. Para dar sabor a sus guisos puede utilizar chorizo crudo o chistorra.

Los pimientos del piquillo son un ejemplo de cómo un ingrediente de buena calidad puede estar al alcance de cualquiera: asados al carbón y pelados, son el toque de sabor ideal para montaditos, tortillas, pinchos...

El aceite de oliva, para freír y para aliñar. Cuando desees un sabor intenso en tus ensaladas o en las tapas crudas, utiliza el mejor aceite de oliva de primera presión en frío que puedas encontrar. No lo utilices para freír, pues tiene un índice de combustión muy bajo. Para los fritos utiliza aceites de oliva de baja graduación.

La especia que no puede faltar es el pimentón, dulce o picante. También puede encontrarse ahumado, con un sabor mucho más intenso.

Ajo y perejil son básicos para las salsas, los sofritos y para dar sabor a las tapas. Mezclado con sal y aceite de oliva sirve como adobo.

El pescado y el marisco en escabeche, sazonado o en conserva, es un excelente recurso cuando no tenemos mucho tiempo para cocinar. Guarde una buena selección en la despensa de berberechos, almejas, mejillones, calamares...

Muchas recetas de este libro requieren gambas. Lo ideal sería disponer siempre de producto fresco pero, si no es posible, las gambas congeladas pueden ser una buena alternativa.

El bacalao seco es un elemento perfecto para conservar en la despensa. Le recomiendo que compre los trozos más gruesos que pueda encontrar. Antiguamente este pescado venía muy cargado de sal, debido a la ausencia de frigoríficos en los barcos. Esta era la mejor forma de conservar y almacenar la pesca. Sin embargo, hoy en día el proceso de salazón es más sencillo con lo que se obtienen piezas mucho más jugosas que además requieren menos tiempo para desalarse.

Aún así el proceso para desalar las piezas sigue siendo laborioso. La mejor forma para desalar el bacalao es primero cortarlo en trozos y después ponerlo bajo el chorro del grifo para quitarle la sal fina externa. A continuación, se echa en un recipiente, siempre con el doble de agua que el peso del bacalao. Se deja en remojo durante 48 horas, cambiando el agua cada ocho horas, es decir unas seis veces.

Hay que procurar que el agua esté bien fría para evitar que el bacalao se abra. Se le puede echar hielo al agua de cuando en cuando. Pasadas las 48 horas se saca, se escurre, se desescama y se le quitan las espinas. Una vez limpio y escurrido, el bacalao ya está listo para cocinarlo al gusto de cada uno.

Si por un imprevisto necesitamos desalar rápidamente el bacalao, lo pondremos en un barreño durante 2 horas con mucha sal gorda. Luego lo cambiaremos durante otras dos horas a un barreño con leche. Después, ya perfectamente desalado, se lava con agua y se limpia para dejarlo listo para cocinar.

A continuación se presenta una lista de los ingredientes principales que debería tener siempre en la despensa. Junto a los ingredientes frescos necesarios para cada tapa en concreto, la siguiente selección le permitirá preparar las recetas que más le tienten de este libro.

DESPENSA

sal marina de buena calidad

botes de pescado y marisco en conserva

mostaza

aceite de oliva extra-virgen

aceite de oliva ligero

atún en conserva

tomates en conserva

guisantes en conserva

corazones de alcachofa en conserva

garbanzos cocidos

aceitunas verdes, deshuesadas y/o rellenas de anchoa, pimientos, etc.

latas o botes de pimientos de piquillo (asados al carbón tienen mejor sabor)

botes de guindillas (pimientos picantes en vinagre)

pimentón dulce y picante

pimiento picante, chile en polvo o pimiento rojo

pasta de aceitunas negras

curry

cúrcuma molida

comino molido

cilantro molido

brandy u orujo

vinagre de jerez

COCINA

ajo fresco

perejil fresco

cilantro fresco

huevos frescos

NEVERA

limones

limas

mantequilla sin sal

tocino con grasa (o béicon) o panceta

jamón serrano

CONGELADOR

guisantes congelados

espinacas congeladas

volovanes congelados

hojaldre precocinado

UTENSILIOS

Como este libro propone tapas que se pueden preparar fácilmente en casa, se sobreentiende que no serán necesarios demasiados utensilios profesionales para elaborarlas. No obstante, hay algunos elementos básicos que le ayudarán a preparar estos platos rápidamente y sin mucho esfuerzo.

CUCHILLOS Y TABLAS: Éste es el microcosmos de la elaboración de las tapas. Sólo tendrá que añadir una fuente de calor y ya puede disponer del equipo básico. Hay gente muy exigente con los cuchillos de cocina y que está dispuesta a pagar un precio muy alto por una buena herramienta. Tener un cuchillo de calidad y bien afilado es importante, pero tampoco es necesario que se gaste su sueldo en ellos. Si tiene a mano uno pequeño y otro grande para cortar, además de la correspondiente barra de acero o de carborundo para afilarlos, es suficiente. Meterlos en un cajón después de usarlos no es nada aconsejable, puesto que se puede estropear la hoja. Se recomienda utilizar un bloque de madera o una funda. Es aconsejable disponer de un tercer cuchillo con la punta de sierra para cortar alimentos menos duros como los tomates, así como una buena tabla para cortar: elija una que le sea cómoda. Personalmente, prefiero las tablas de madera a las elaboradas con práctico y frío plástico. Intente reservar una tabla para cada uso, dado que una tabla de madera suele mantener el olor del ajo o de la cebolla.

SARTENES: Se necesitan al menos dos buenas sartenes. Es indispensable que sean antiadherentes y de buena calidad, salvo que tenga sartenes de hierro colado, que previamente será preciso aceitar. La freidora también puede ser útil.

CACEROLAS: Las cacerolas de acero inoxidable de base pesada dan unos resultados excelentes, aunque las cazuelas de aluminio con base pesada y conductora de calor son muy adecuadas. También es muy práctico tener a mano un cazo pequeño para la leche.

BATIDORA-PICADORA: En realidad, para elaborar estas recetas, no es necesario ninguna batidora-picadora eléctrica. Sin embargo, es verdad que se facilitan determinadas tareas, como por ejemplo rallar grandes cantidades de un determinado ingrediente, hacer mayonesa o alioli, o picar carne.

OTROS UTENSILIOS: Tenga a mano cucharas de madera, una espátula, una espumadera, un rallador, unas pinzas resistentes al calor, un pelador de hortalizas, papel de aluminio, diversos cuencos y una bandeja para el horno. Para servir las tapas necesitará palillos de cóctel, brochetas y una gran variedad de platos pequeños y cuencos.

PINCHOS

TORTILLA ESPAÑOLA

La tortilla de patatas y cebolla debe estar perfectamente cocida. No hierva nunca las patatas: no le ahorrará tiempo y desmerecería su sabor. Reserve el aceite que le sobre, cuélelo y vuelva a utilizarlo cuando lo necesite. Aunque se puede preparar la tortilla con horas de antelación, lo mejor es servirla aún caliente.

Para 24 pinchos

INGREDIENTES

3 huevos grandes

500 g de cebolla, a dados

750 g de patatas peladas y
  cortadas a dados

500 ml de aceite para freír

sal

UTENSILIOS

sartén antiadherente

palillos de cóctel

PREPARACIÓN

Rompa los huevos en un cuenco y bátalos.

Mezcle en otro cuenco las patatas y la cebolla. Caliente aceite en la sartén y añada la mezcla de patatas y cebolla; a continuación, baje un poco la intensidad del fuego. Sazone con sal y remueva la mezcla repetidamente durante 10 minutos para que no se pegue o hasta que la patata esté cocida (haga la prueba pinchando un trozo con un tenedor). Vierta la mezcla en un escurridor encima de un cuenco (reserve el aceite para preparar otros platos). Pasado un minuto, añada la mezcla al huevo y remuévalo todo junto.

Vuelva a colocar la sartén sobre el fuego y añada una fina película de aceite. Deje pasar unos 30 segundos y añada la mezcla con el huevo y las patatas. Inmediatamente después, reparta uniformemente la mezcla por toda la sartén. Cuézala a fuego vivo y tenga cuidado de que no se pegue. Retire la sartén del fuego.

Pasados 2 minutos, unte con un poco de aceite un plato y póngalo encima de la sartén; a continuación, dé la vuelta a la sartén con cuidado (encima del fregadero) y podrá apreciar una tortilla de color amarillo dorado. Vuelva a poner la sartén al fuego y vierta una cucharadita de aceite. Pasados 10 segundos, pase la tortilla del plato a la sartén dejándola resbalar. Cuézala durante 1 minuto más. Dele la vuelta con el plato. La tortilla de color amarillo dorado ya está lista, tierna y con las patatas blandas.

Córtela a cuadraditos y sírvala.

TORTILLA DE BACALAO. Para 24 pinchos. **INGREDIENTES** 450 g de bacalao desalado; 300 ml de leche; 350 ml de aceite para freír; 450 g de patatas peladas y cortadas a dados; 225 g de cebollas cortadas a dados; 3 huevos grandes; 1 diente de ajo triturado; sal y pimienta negra recién molida. **PREPARACIÓN** Hierva el bacalao en la leche (debe quedar prácticamente cubierto) durante 5-6 minutos. Escúrralo y resérvelo hasta que se enfríe. Bata los huevos y fría las patatas y la cebolla como en la receta anterior (véase la página 19). Mézclelo todo en un cuenco grande. Quite la piel del pescado y desmenúcelo con un tenedor, retirando con cuidado las espinas que pueda haber. Mezcle el pescado con los huevos batidos y añada el ajo triturado. Sazone al gusto. Fría y sirva la tortilla como antes (véase la página 19).

TORTILLA DE SALMÓN AHUMADO. Para 24 pinchos. **INGREDIENTES** 350 ml de aceite para freír; 450 g de patatas peladas y cortadas a dados; 225 g de cebolla cortada a dados; 3 huevos grandes; 150 g de queso fresco; 1 diente de ajo grande picado; 200 g de salmón ahumado cortado en tiras de unos 5 cm; sal y pimienta negra recién molida. **PREPARACIÓN** Fría las patatas y la cebolla como antes (véase la página 19). Añada el ajo y el salmón. Bata el queso fresco con los huevos y mézclelos con las patatas y el salmón. Salpimiente al gusto. Cueza y sirva la tortilla como antes (véase la página 19).

TORTILLA DE QUESO Y ESPINACAS. Para 24 pinchos. **INGREDIENTES** 350 ml de aceite para freír; 450 g de patatas peladas y cortadas a dados; 225 g de cebolla cortada a dados; 3 huevos grandes; 1 diente de ajo grande triturado; 225 g de espinacas, peso escurrido (lavadas); 225 g de queso cheddar, gruyère, parmesano o manchego rallado; sal y pimienta negra recién molida; una pizca de nuez moscada rallada. **PREPARACIÓN** Fría las patatas y la cebolla como antes (véase la página 19). Bata los huevos en un cuenco grande y añada el ajo triturado. Añada las espinacas y el queso rallado en la mezcla de huevo. Sazone al gusto y añada nuez moscada. Mézclelo con las patatas ya cocidas. Sazone al gusto. Cueza y sirva como antes (véase la página 19).

TORTILLA FLAMENCA. Para 24 pinchos. **INGREDIENTES** 2 cucharadas de aceite; 225 g de cebolla cortada a dados; 200 g de champiñones cortados a láminas; 200 g de jamón cortado a tiras de unos 5 cm; 225 g, peso escurrido, de pimientos rojos en conserva cortados a tiras; 225 g de guisantes, descongelados; 6 huevos grandes batidos; 1 diente de ajo grande triturado; sal y pimienta negra recién molida. **PREPARACIÓN** Poche la cebolla en el aceite durante 3-4 minutos, añada los champiñones y cueza durante 5 minutos más. Agregue el jamón, remueva y cueza durante 1 minuto antes de añadir las tiras de pimiento. Para acabar, añada los guisantes, remueva y caliente la mezcla durante 1 minuto. Sazone. Añada la mezcla al huevo junto con el ajo triturado. Cueza y sirva como antes (véase la página 19).

PATATAS BRAVAS

La esencia de esta tapa de patatas fritas o asadas es la salsa que las cubre, extremadamente picante, que las hace fuertes e intensas, en una palabra: bravas. Esta típica salsa incorpora chiles de guindilla picante y pimentón picante. Sirva esta tapa picante lo más caliente posible.

Para 10 raciones

INGREDIENTES

1 cebolla mediana a dados

1 cucharada de aceite

1/2 hoja de laurel

1 guindilla

1 cucharada de harina

1 cucharadita de pimentón picante

100 ml de agua

1,5 kg de patatas peladas

2 dientes de ajo triturados

sal

aceite para freír

UTENSILIOS

2 sartenes

fuente para el horno

palillos de cóctel

PREPARACIÓN

Caliente el aceite en una sartén. Añada la cebolla y cuézala a fuego medio durante un par de minutos antes de añadir la hoja de laurel y la guindilla. Cueza la mezcla unos 2 ó 3 minutos más y a continuación espolvoree por encima la harina y, sin dejar de remover, el pimentón picante. Añada lentamente pequeñas cantidades de agua mientras remueve hasta que la salsa tenga la consistencia de unas natillas. Déjelo hervir a fuego lento durante 10 minutos. Pase la salsa por un tamiz y vuélvala a poner sobre el fuego.

Si prepara las patatas asadas, caliente previamente el horno a 230º C. Corte las patatas en dados y colóquelas en una bandeja de horno untada con un poco de aceite. Añada el ajo, sazone con sal y áselas durante 20 minutos o hasta que estén crujientes y doradas. Si las fríe, corte las patatas en dados y mézclelas con el ajo.

Sazónelas con sal. Caliente el aceite en una sartén grande y fría las patatas lentamente hasta que estén blandas; al final, suba el fuego para que se doren. Escúrralas. Vierta la salsa generosamente sobre las patatas asadas o fritas y sírvalas inmediatamente.

PATATAS CON ALIOLI. Para 10 raciones. **INGREDIENTES** 2 yemas de huevo grandes; 3 dientes de ajo triturados; 2 cucharaditas de vinagre o zumo de limón; una pizca de mostaza (opcional); 350 ml de aceite de oliva suave; 2 cucharadas de agua caliente; 1,5 kg de patatas; sal y pimienta negra recién molida.

PREPARACIÓN Vierta las yemas de huevo, el ajo, el vinagre o el zumo de limón, la mostaza, la sal y la pimienta en una batidora y bata durante unos segundos. Con el motor en marcha, vaya añadiendo el aceite lentamente hasta que la mezcla adquiera espesor y se emulsione. Añada el agua al final. Cueza las patatas como en la receta anterior (véase la página 23), cúbralas con el alioli y sírvalas inmediatamente.

NOTA: Si prefiere no tener que hacer su propio alioli, ralle o triture el ajo y añádalo a una buena mayonesa; obtendrá unos resultados igualmente buenos.

PATATAS CON ESTRAGÓN. Para 10 raciones. **INGREDIENTES** 2 yemas de huevo grandes; 2 cucharaditas de vinagre o zumo de limón; una pizca de mostaza (opcional); 350 ml de aceite de oliva suave; 2 cucharadas de agua caliente; 1 cucharada de estragón recién cortado; 1,5 kg de patatas; sal y pimienta negra recién molida. **PREPARACIÓN** Cueza las patatas y prepare la mayonesa como en la receta anterior, pero sin ajo. Añada el estragón recién cortado sin dejar de remover y sirva.

PATATAS CON SALSA VERDE. Para 10 raciones. **INGREDIENTES** 1 manojo de perejil fresco cortado finamente; 3 dientes de ajo triturados; 3 cucharadas de aceite de oliva; 1 cucharada de vinagre o zumo de limón (opcional); 1,5 kg de patatas; sal y pimienta. **PREPARACIÓN** Para preparar el ajo y perejil, ponga en un mismo recipiente el perejil, el ajo, el aceite de oliva y el vinagre o zumo de limón, si lo utiliza, y caliéntelo (si lo prefiere, deje enteros los dientes de ajo y macháquelos en un mortero hasta obtener una pasta, añada el perejil cortado, siga removiendo y finalmente añada el aceite). Fría o ase las patatas como en la receta anterior (véase la página 23), rocíelas con el aliño de ajo y perejil, removiéndolas para que queden completamente empapadas, y sírvalas inmediatamente.

CROQUETAS DE PESCADO

Las típicas croquetas se elaboran utilizando como base una espesa bechamel. Una alternativa mucho más sencilla e igualmente exquisita es utilizar puré de patata. En la práctica, estas croquetas son como diminutos pastelillos de pescado.

Para 20 raciones

INGREDIENTES

450 g de patatas harinosas

500 g del pescado que prefiera
(por ejemplo, bacalao, merluza,
salmón, etc.)

300 ml de leche o caldo de
pescado

1 cebolla grande cortada a dados
pequeños

2 dientes de ajo

1 cucharadita de pimentón picante

1 manojo de perejil fresco picado fino

1 cucharada de aceite de oliva
suave

3 huevos grandes

sal y pimienta negra recién molida

1-2 cucharadas de harina

2-3 cucharadas de pan rallado

350 ml de aceite para freír

UTENSILIOS

palillos de cóctel

2 sartenes grandes

PREPARACIÓN

Hierva las patatas, escúrralas y haga el puré sin añadir nada. Hierva con cuidado el pescado en la leche o el caldo de pescado (si utiliza salmón, es mejor el caldo), dejándolo hervir a fuego lento durante 3-4 minutos. Deje enfriar el pescado, luego retírelo del fuego y quítele la piel y las espinas. Desmenúcelo con un tenedor. Poche la cebolla con el aceite de oliva durante 3-4 minutos antes de añadir el ajo y el pimentón. Bata uno de los huevos en un cuenco y añada el pescado desmenuzado, la cebolla y el perejil. Sale generosamente y, a continuación, vierta la mezcla sobre el puré de patata y remueva. Vaya cogiendo cucharadas pequeñas de la masa y haga bolitas. Rebócelas con la harina. Bata los huevos restantes, si lo prefiere, con un poco de leche. Primero, unte las bolitas en el huevo y luego rebócelas con el pan rallado. Fría las croquetas superficialmente en aceite bien caliente hasta que queden crujientes y doradas. Sírvalas con alioli o salsa rosa (véase la página 74), si lo desea.

VARIACIÓN: CROQUETA DE BACALAO. Para 20 raciones. **INGREDIENTES** 450 g de patatas harinosas; 1 cucharada de mostaza; 450 g de bacalao (véase la página 13); 300 ml de leche; 1 manojo de perejil fresco cortado fino; 1 cucharadita de mostaza; 3 huevos grandes; sal y pimienta negra recién molida; 1-2 cucharadas de harina; 2-3 cucharadas de pan rallado fino; 350 ml de aceite para freír. **PREPARACIÓN** Prepare el puré de patata como en la receta anterior, pero añadiendo la mostaza. Hierva el pescado a fuego lento y prepárelo como antes. Mezcle el pescado y el perejil con un huevo batido, añada la masa al puré de patatas y remueva. Siga el mismo procedimiento que en la receta anterior.

SALMÓN EN ADOBO (ceviche)

Esta receta es típica de Andalucía y de la costa latinoamericana. Se basa en pescado crudo cortado fino y más o menos escabechado, generalmente con una base cítrica, según el gusto. La acidez del adobo «cuece» el pescado. No es más que un simple escabechado, pero sirve para preparar un plato deliciosamente ligero y fresco para consumir al momento.

Para 10 raciones

INGREDIENTES

450 g de filete de salmón sin piel (el rape o el rodaballo también dan excelentes resultados)

1 cebolla roja mediana cortada muy fina

el zumo de 2 limones

1 cucharada de aceite de oliva suave

1/2 cucharadita de pimentón picante, chile en polvo o pimentón dulce

1 chile rojo picante cortado fino

2-3 cucharadas de perejil fresco cortado, cilantro o cebolleta

20 tomates cherry partidos por la mitad

1 pimiento pequeño, sin semillas y cortado en triángulos de 2 cm

sal y pimienta negra recién molida

UTENSILIOS

cuchillo de cocina afilado

fuente no metálica

palillos de cóctel

PREPARACIÓN

Envuelva el salmón en papel de aluminio o transparente y métalo en el congelador durante 1 hora para que sea más fácil cortarlo. Corte el pescado a lonchas muy finas con un cuchillo bien afilado.

Ponga el pescado en un recipiente poco profundo y ancho que no sea de metal, junto con el zumo del limón, el aceite, el pimentón y el chile. Condimente generosamente y reboce el pescado para que quede bien empapado. Déjelo marinar en la nevera, durante unos minutos u horas, según el resultado más o menos macerado que quiera obtener. También dependerá de lo fino que haya cortado el pescado. Añada las hierbas que más le gusten unos minutos antes de montar el pincho. Coloque uno o dos trozos de pescado entre la mitad de un tomate y un triángulo de pimiento y sírvalo inmediatamente.

CEVICHE TRES MARES. Para 10 raciones. **INGREDIENTES** 1 cebolla grande cortada fina; 450 g de rape cortado a trozos de unos 4 cm; 1 chile rojo, sin semillas y cortado a dados; el agua de 1 coco fresco; el zumo de 4 limas; 100 ml de aceite de oliva extra-virgen; 1 manojo de perejil fresco cortado; 1 aguacate cortado a dados; 20 tomates cherry. **PREPARACIÓN** En un recipiente grande y poco profundo coloque una capa de cebolla y una de pescado. Esparza el chile. Añada más capas terminando con una de cebolla. Escurra el agua del coco y pásela por un colador. Añádala al pescado junto con el zumo de lima. Asegúrese de que el líquido cubre el pescado. Remueva, tape el recipiente y déjelo macerar durante al menos 6 horas, o toda una noche si ha cortado el pescado en trozos gruesos. Retire el pescado del adobo y dele unos golpecitos sobre un papel de cocina para eliminar el líquido. En un plato, añádale el aceite de oliva y las hierbas y remuévalo bien, dejándolo macerar durante al menos una hora más. Para montar el pincho atraviese un trozo de aguacate, el pescado y un tomate con un palillo de cóctel.

CEVICHE DE VIEIRA. Para 12 raciones. **INGREDIENTES** El zumo de 2-3 limones o 3-4 limas; el zumo de 1-2 naranjas o 4 mandarinas; 2 cucharadas de orujo o brandy; 12 vieiras o 6 vieiras muy grandes partidas por la mitad en sentido horizontal; sal y pimienta; 1/2 cucharadita de comino molido (opcional); 250 g de tomates cherry partidos por la mitad. **PREPARACIÓN** Mezcle el zumo de los cítricos con el orujo o brandy y rocíelo sobre las vieiras. Sazone, añadiendo comino si lo desea, y déjelo en el adobo durante al menos 3 horas. Añada los tomates a la salsa unos minutos antes de montar el pincho. En un palillo de cóctel, ensarte un tomate, una vieira y, finalmente, otro tomate. **NOTA:** Para este ceviche, utilice las vieiras más frescas que encuentre en el mercado.

CEVICHE DE GAMBAS. Para aproximadamente 20 raciones. **INGREDIENTES** 700 g de gambas crudas frescas o congeladas (*véase la nota*); 1 cebolla roja mediana cortada fina; 2 dientes de ajo triturados; el zumo de 2 limones o 2 cucharadas de vinagre de Jerez; 1 manojo pequeño de perejil fresco cortado fino; sal y pimienta; 100 ml de aceite de oliva extra-virgen. **PREPARACIÓN** Lave las gambas y deles unos golpecitos sobre papel de cocina para eliminar el agua. Retire la piel de las gambas. Córtelas por la parte inferior, retire la vena del lomo y ábralas. Coloque las gambas en un recipiente hondo y ancho y cúbralas con la mezcla de la cebolla, el ajo, el zumo de limón o vinagre, el perejil, la sal y la pimienta. Tape el recipiente y déjelo macerar una noche. Retire el adobo una hora antes de servir las gambas y rocíelas con el aceite de oliva. Atraviéselas con un pincho y sírvalas. **NOTA:** Cuando utilice gambas congeladas, sumérjalas durante 30 minutos en 1/2 litro de agua muy fría con 2 cucharadas de sal marina. Así tendrán un aspecto más fresco y una carne dura.

SARDINAS FRITAS

Para suavizar el sabor de las sardinas, en esta receta las vamos a destripar. Utilice un cuchillo muy afilado y con punta para hacer un corte desde detrás de la cabeza hasta el abdomen.

Para 10 raciones

INGREDIENTES

10 sardinas que no superen
    los 15-20 cm

350 ml de aceite para freír

2 cucharadas de harina

sal

pimienta negra recién molida

1 limón grande cortado a cuartos

UTENSILIOS

cuchillo afilado

sartén de base pesada

PREPARACIÓN

Caliente el aceite en una sartén de base pesada lo suficientemente grande como para que quepan 2 ó 3 sardinas. El aceite está caliente (180° C) cuando, al echarle un trocito de pan, éste empieza a crepitar y se dora en 20 segundos. Ponga la harina en una bolsa de plástico y sazónela con la sal y la pimienta. Introduzca las sardinas en la bolsa y agítela hasta que queden bien rebozadas. Sacúdalas para eliminar el exceso de harina. Fría las sardinas en el aceite caliente durante 1-2 minutos por cada lado. Exprima el limón sobre las sardinas.

NOTA: Para dar al pescado más sabor, añada a la harina 2 cucharaditas de pimentón picante o de chile en polvo. Si busca un sabor más árabe, añada 1 cucharadita de cúrcuma molida y otra de comino molido.

PESCADITOS FRITOS. Para 20 pinchos.

    INGREDIENTES 450 g de pescaditos frescos; 2 cucharadas de harina sazonada con sal y pimienta negra recién molida; 350 ml de aceite para freír; 1 limón grande cortado a cuartos.

    PREPARACIÓN Espolvoree el pescado con la harina sazonada y fríalo en aceite caliente. Sírvalo rociado con el zumo del limón y ensartado en los palillos de cóctel.

NOTA: Los pescaditos se pueden freír y comer enteros, pero, como las sardinas, pueden limpiarse fácilmente.

CHANQUETES. Para 20 pinchos.

    INGREDIENTES 450 g de chanquetes; 2 cucharadas de harina sazonada con sal y pimienta negra recién molida; 350 ml de aceite para freír; 1 limón grande cortado a cuartos. **PREPARACIÓN** Espolvoree el pescado con la harina condimentada, fríalo y sírvalo como en la receta anterior.

ALBÓNDIGAS (de cerdo y ternera)

Para 24 unidades

INGREDIENTES

750 g de picada de ternera

250 g de picada de cerdo

2 dientes de ajo triturados

1 manojo de perejil cortado

150 ml de leche

5 cucharadas de pan rallado

3 cebollas medianas a dados

2 cucharadas de aceite
   de oliva suave

1 cucharada de harina

125 ml de vino blanco

sal y pimienta negra recién molida

1/2 cucharadita de nuez moscada
   rallada

2 huevos grandes batidos

harina para espolvorear

250 ml de aceite para freír

PREPARACIÓN

Mezcle los dos tipos de carne en un cuenco, con el ajo y el perejil, y reserve la masa. Ponga el pan rallado en la leche. Caliente el aceite en una sartén y poche la cebolla durante unos 4-5 minutos, espolvoree la harina sin dejar de remover y añada el vino y el aliño. Déjelo hervir a fuego lento, luego baje el fuego al mínimo y déjelo reducir unos 15-20 minutos sin dejar de remover. Pase la salsa por un colador y resérvela en una cazuela. Sazone la carne con sal, pimienta y nuez moscada. Escurra la leche del pan rallado y añádalo a la carne, junto con los huevos y tres cucharadas de la salsa. Mézclelo bien. Prepare pequeñas bolitas con la masa y rebócelas con la harina. Caliente el aceite en un sartén y fría las albóndigas durante unos 5-6 minutos, hasta que adquieran un color marrón suave. Retírelas, elimine el aceite y póngalas en la cacerola. Deje cocer las albóndigas en la salsa a fuego lento durante 30-40 minutos hasta que estén tiernas y la salsa se haya espesado. Sírvalas calientes.

VARIACIÓN: ALBÓNDIGAS DE POLLO. Para 24 unidades. **INGREDIENTES** 900 g de pechuga de pollo cortada a dados; 150 g de tocino con grasa (o béicon) cortado a dados; 3 dientes de ajo triturados; 1 manojo de perejil fresco cortado; 100 g de aceitunas cortadas a dados; 150 ml de leche; 5 cucharadas de pan rallado; 2 cebollas cortadas a dados; 2 cucharaditas de aceite de oliva suave; 1 huevo grande batido; sal y pimienta; harina para espolvorear; 250 ml de aceite para freír; 400 g de tomates pelados en conserva; 125 ml de vino blanco; 1 hoja de laurel; 250 ml de caldo de pollo. **PREPARACIÓN** Ponga en una picadora el pollo, el tocino (o béicon), la mitad del ajo, la mitad del perejil y las aceitunas. Tritúrelo. Ponga el pan rallado en la leche, elimine el exceso de leche y añada el pan rallado a la carne con una cebolla (previamente pochada en aceite de oliva) y un huevo. Sazone. Mezcle y haga bolitas, espolvoree con harina y fría como en la receta anterior. En una cazuela, vierta todo el aceite, salvo una cucharada que utilizará para pochar la otra cebolla durante 4-5 minutos. Añada los tomates, el resto del ajo y el perejil, el vino y la hoja de laurel. Deje que la salsa hierva a fuego lento durante 10 minutos antes de añadir el caldo. Añada las albóndigas a la salsa y deje hervir a fuego lento durante 30 minutos. Sírvalas calientes.

HUEVOS RELLENOS

Los huevos rellenos son un plato muy alabado. Hervidos y partidos por la mitad, una vez retirada la yema y mezclada con mayonesa y una gran variedad de ingredientes que contrarrestan con la insulsa clara, a menudo picantes, se prestan a toda clase de alternativas.

Para 24 unidades

INGREDIENTES

12 huevos pequeños

6 cucharadas de mayonesa

1 cucharadita de mostaza

sal y pimienta negra recién molida

6 tomates cherry

6 hojas de lechuga cortadas
    en trozos de unos 4 cm

UTENSILIOS

cacerola

palillos de cóctel

PREPARACIÓN

Hierva los huevos, pélelos y pártalos por la mitad longitudinalmente. Retire las yemas y mézclelas con la mayonesa y la mostaza. Sazone abundantemente. Introduzca la mezcla en los huecos de las claras. Coloque encima una mitad de tomate y un trozo de lechuga y sírvalo con palillos de cóctel para poder pincharlos.

HUEVOS RELLENOS DE ATÚN. Para 24 unidades.

INGREDIENTES 12 huevos pequeños; 6 cucharadas de mayonesa; 1 cucharadita de mostaza; sal y pimienta negra recién molida; 1 lata de 185 g de atún de buena calidad; perejil fresco para adornar. **PREPARACIÓN** Prepare los huevos como en la receta anterior (véase la página 37). Escurra el atún y desmenúcelo; añádalo a la mezcla de mayonesa poniéndolo en los huecos de las yemas. Sírvalos adornados con perejil.

HUEVOS RELLENOS CON JAMÓN. Para 24 unidades.

INGREDIENTES 12 huevos pequeños; 6 cucharadas de mayonesa; 1 cucharadita de mostaza; sal y pimienta negra recién molida; 115 g de jamón. **PREPARACIÓN** Prepare los huevos como en la receta anterior (véase la página 37). Corte 24 tiras de jamón de unos 5 cm x 1 cm y resérvelas. Corte a dados el resto del jamón, añádalo a la mezcla de mayonesa y proceda como en la receta anterior, cubriendo cada huevo relleno con una tira de jamón.

HUEVOS RELLENOS CON CANGREJO.

Para 24 unidades. **INGREDIENTES** 12 huevos pequeños;
6 cucharadas de mayonesa; 1 cucharadita de mostaza;
sal y pimienta negra recién molida; 6 palitos de cangrejo;
perejil fresco para adornar. **PREPARACIÓN** Prepare los
huevos como en la receta anterior (véase la página 37).
Añada la carne de cangrejo desmenuzada a la mezcla de
mayonesa y rellene los huecos de las claras. Adorne con
perejil y sírvalos.

HUEVOS RELLENOS CON ALCAPARRAS
Y PEPINILLOS. Para 24 unidades.

INGREDIENTES 12 huevos pequeños; 6 cucharadas
de mayonesa; 1 cucharadita de mostaza; sal y pimienta
negra recién molida; 1 cucharada de alcaparras
cortadas; 1 cucharada de pepinillos cortados.
PREPARACIÓN Prepare los huevos como en la receta
anterior (véase la página 37). Añada las alcaparras
y los pepinillos a la mezcla de mayonesa, rellene
los huecos de las claras y sírvalos.

COLIFLOR REBOZADA

Una cucharada de levadura desecada añadida a la pasta de este crujiente y dorado bocadito frito hace que se hinche aportándole una ligereza irresistible.

Para unas 24 unidades

INGREDIENTES

1 coliflor grande cortada en flores

350 ml de aceite para freír

2 limones

PARA LA PASTA

150 ml de leche

3 cucharadas de vino blanco

3 cucharadas de aceite

1 huevo grande, del que se separará
la clara

1 cucharadita de levadura desecada

250 g de harina

sal

UTENSILIOS

una sartén grande

espumadera

palillos de cóctel

PREPARACIÓN

Prepare la pasta mezclando en un recipiente la leche, el vino, el aceite, la yema de huevo, la levadura y una cucharadita de sal. Remuévalo bien con una cuchara de madera y vaya añadiendo lentamente la harina, sin dejar de remover, hasta que obtenga una pasta con la consistencia de una nata ligera. Puede que necesite menos harina. Deje reposar fuera de la nevera durante media hora.

Corte los tallos de las flores de coliflor y colóquelos en una cacerola grande con agua hirviendo y sal. Llévelo a ebullición y déjelo hervir a fuego lento 1-2 minutos. No deben cocer demasiado. Escúrralos y sumérjalos en agua fría. Póngalos a secar sobre un trapo de cocina.

Caliente el aceite en una sartén grande y ancha y compruebe la temperatura echando un dado de pan en el aceite. Cuando el aceite tenga la temperatura adecuada, unos 180° C, el pan debería dorarse en unos 20 segundos.

Bata la clara del huevo a punto de nieve y añádala a la masa. Esto debe realizarse en el último momento. Con una cuchara, unte las flores con la pasta y échelas en el aceite para que se frían de cinco en cinco. Cuando estén doradas, retírelas con una espumadera y déjelas escurrir sobre papel de cocina. Manténgalas calientes mientras fríe el resto. Rocíelas con el zumo de los limones y sírvalas inmediatamente.

VARIACIÓN: ALCACHOFAS REBOZADAS. Para 24 unidades. **INGREDIENTES** Preparar la pasta como en la receta anterior; 1 lata de 400 g de corazones de alcachofa; 500 ml de aceite para freír; 2 limones. **PREPARACIÓN** Escurra las alcachofas, córtelas a trozos medianos y sazónelas. Caliente el aceite como en la receta anterior. Unte los trozos de alcachofa con la pasta y fríalos uno a uno, dejando el espacio suficiente. Escurra el aceite y consérvelos calientes. Sírvalos inmediatamente con limón.

CROQUETAS DE GAMBAS

Las croquetas son un plato omnipresente en la cocina española, aunque su origen más probable se remonte a las *croquettes* francesas. Su secreto reside en la base de bechamel que se mezcla con el ingrediente que se haya elegido para darle un sabor característico. Las posibilidades son prácticamente infinitas, en este caso he recurrido a las gambas.

Para 36 unidades

INGREDIENTES

100 g de mantequilla

125 g de harina

750 ml de leche fría

sal y pimienta

400 g de gambas peladas cocidas
cortadas a dados

2 cucharaditas de tomate triturado

5 ó 6 cucharadas de pan rallado

2 huevos grandes batidos

aceite para freír

PREPARACIÓN

Funda la mantequilla en una cacerola mediana y añada la harina removiendo constantemente. Deje que la harina se cueza en la mantequilla durante un par de minutos sin dejar de remover. Vaya añadiendo la leche fría poco a poco, sin dejar de remover, hasta que obtenga una salsa espesa y suave. Añada las gambas, sazone bien y vierta el tomate triturado. Mantenga la mezcla al fuego durante 7 u 8 minutos. La masa final debería ser bastante espesa. Es indispensable que la mezcla se enfríe del todo, por lo que es mejor dejar pasar toda una noche.

Coja una cucharada de la masa y dele forma de croqueta, un cilindro de unos 3-4 cm. Reboce la croqueta en el pan rallado, en el huevo batido y de nuevo en el pan rallado. Asegúrese de que éste esté seco, para que el rebozado sea uniforme.

Caliente el aceite para freír en una sartén grande de base pesada hasta una temperatura de 180° C o hasta que un dado de pan se dore en unos 20-30 segundos. Fría en grupos de no más de 3 ó 4 croquetas durante unos 5 minutos hasta que se doren. Retírelas con una espumadera, escúrralas sobre papel de cocina y sírvalas inmediatamente. La salsa rosa (véase la página 74) es un buen acompañamiento.

VARIACIÓN: CROQUETAS DE JAMÓN. Para 36 unidades. **INGREDIENTES** 100 g de mantequilla; 125 g de harina; 750 ml de leche fría; sal y pimienta; 200 g de jamón cortado a tiras; 5 ó 6 cucharadas de pan rallado; 2 huevos grandes batidos; aceite para freír. **PREPARACIÓN** Igual que en la receta anterior, pero sustituyendo las gambas cocidas por el jamón.

CHORIZO AL VINO TINTO

El chorizo se puede consumir en diversos puntos de su proceso de curación. Si quiere asarlo en vino tinto, el chorizo deberá ser bastante reciente, es decir, poco curado. Este tipo de chorizo se puede encontrar en los supermercados y normalmente tiene unos 10 12 cm de longitud. Se asa entero.

Para 10 unidades

INGREDIENTES

10 chorizos

400 ml de vino tinto fuerte

PREPARACIÓN

Caliente previamente el horno a 200° C.

Coloque los chorizos sobre una bandeja de horno y rocíelos con el vino. Déjelos asar en el horno durante unos 40 minutos. Los chorizos habrán adquirido un color oscuro y estarán ligeramente crujientes, y el vino se habrá evaporado.

Corte los chorizos en 3 ó 4 trozos y sírvalos.

BROCHETAS

PINCHOS MORUNOS

En cualquier fiesta mayor se pueden encontrar puestos ambulantes en la calle donde se venden a los transeúntes pinchos morunos asados, un legado picante de los árabes. En esta versión se utiliza cerdo, aunque la receta originaria utiliza cordero.

Para 20 unidades

INGREDIENTES

900 g lomo de cerdo cortado a dados
   de 2 cm
50 ml de vino blanco
50 ml de aceite de oliva suave
3 dientes de ajo grandes
   triturados

2 cucharaditas de pimentón picante
   ahumado, chile en polvo o
   pimentón (o 1 cucharadita de
   pimentón picante o chile en
   polvo o 1 cucharadita de
   pimentón dulce ahumado,
   si lo prefiere)
1/2 hoja de laurel triturada

2 cucharaditas de tomillo fresco cortado
sal y pimienta negra recién molida
2 limones (opcional)

UTENSILIOS

fuente no metálica
plancha o parrilla
20 brochetas

PREPARACIÓN

Coloque la carne sobre una fuente ancha y poco profunda que no sea de metal. Mezcle todos los ingredientes, salvo los limones, y sazone. Vierta la mezcla sobre la carne, cubra el recipiente y déjelo macerar, preferentemente en la nevera, durante al menos 8 horas, dándole la vuelta una o dos veces. Ensarte tres dados de carne en cada brocheta y áselas sobre una plancha o parrilla bien caliente, dándole la vuelta una o dos veces durante unos 8 minutos. La carne quedará un poco tostada y jugosa. Rocíela con el zumo del limón, si lo desea, y sirva los pinchos calientes.

BROCHETAS DE CORDERO. Para 20 unidades. **INGREDIENTES** 900 g filete de cordero de la parte del cuello cortado a dados de unos 2 cm; 50 ml de vino blanco; 50 ml de aceite de oliva suave; 1/2 cucharada de chile en polvo o pimentón; 1/2 cucharadita de comino molido; 1/2 cucharadita de cúrcuma; 1/2 cucharadita de cilantro molido; 1/2 cucharadita de jengibre molido; 3 dientes de ajo triturados; sal y pimienta; 2 limones (opcional). **PREPARACIÓN:** Mezcle todos los ingredientes para el adobo y viértalos sobre el cordero de forma que quede cubierto. Déjelo macerar durante al menos 8 horas. Ensarte la carne en las brochetas y áselas en una parrilla bien caliente, dándoles la vuelta una o dos veces durante unos 8 minutos. Sírvalas calientes, acompañadas de un trozo de limón. **NOTA:** Esta es la receta original con cordero en la que se utilizan especias árabes tradicionales.

BROCHETAS DE POLLO/PAVO. Para 20 unidades. **INGREDIENTES** 900 g de pechugas de pollo o pavo cortadas a dados de unos 2 cm; 50 ml de aceite de oliva suave; 3 dientes de ajo triturados; 1 manojo pequeño de perejil fresco cortado; sal y pimienta; 2 limones. **PREPARACIÓN** Mezcle en un recipiente el aceite de oliva, el ajo, el perejil cortado, la sal, la pimienta, y el zumo de medio limón. Macere la carne en la salsa durante 1 ó 2 horas. Ase las brochetas como en la receta anterior, teniendo en cuenta que la carne blanca necesita uno o dos minutos menos de plancha o parrilla. Sírvalas acompañadas del resto del limón cortado a trozos.

BROCHETAS DE HÍGADO Y TOCINO. Para 20 unidades. **INGREDIENTES** 250 g de tocino con grasa (o béicon) cortado a dados de unos 2 cm; 750 g de hígado de cordero cortado a dados de unos 2 cm; sal y pimienta; 2 cucharadas de aceite de oliva suave; 2 limones cortados a cuartos (opcional). **PREPARACIÓN** Ensarte trozos de tocino y de hígado alternativamente en las brochetas. Sazone (sea especialmente generoso con la pimienta), rocíe con el aceite y ase sobre una plancha o parrilla muy caliente durante unos 10 minutos, dándoles la vuelta una vez. Otra manera es asándolas en el horno sobre una bandeja un poco untada con aceite a unos 200º C durante 15-20 minutos, dándoles la vuelta una vez. Exprima el limón sobre la carne y sírvala. **NOTA:** Si no puede encontrar hígado de cordero, o es demasiado caro, puede utilizar hígado de ternera.

BROCHETAS DE GAMBAS Y BÉICON

El tocino sigue el mismo proceso de curación y secado al aire que el sublime jamón. La combinación de tocino y gambas es perfecta.

Para 12 unidades

INGREDIENTES

150 g de jamón o tocino cortado
  muy fino
24 gambas crudas peladas,
  de tamaño mediano o grande,
  sin cabeza

pimienta negra recién molida
1 cucharada de aceite de oliva suave
2 limones

UTENSILIOS

plancha o parrilla
bandeja para el horno
12 brochetas

PREPARACIÓN

Corte el jamón o el tocino a trozos, con los que envolverá generosamente las gambas. Una vez envueltas, coloque las gambas planas sobre una tabla y traspáselas con una brocheta, atravesándolas desde la parte más gruesa hasta la cola, y asegúrese de que el jamón queda firmemente sujeto. Sazone generosamente y échele unas gotitas de aceite. Sobre una plancha, parrilla o barbacoa a gran temperatura, ase las brochetas durante unos 2-3 minutos por cada lado hasta que el jamón quede tostado. Otra opción sería asarlas en el horno (220º C), sobre una bandeja untada con un poco de aceite, durante unos 8-10 minutos. Exprima los limones sobre las gambas y sírvalas inmediatamente.

VARIACIÓN: BROCHETAS DE RAPE Y BÉICON. Para 12 unidades. **INGREDIENTES** 700 g de rape o rodaballo cortado a medallones de unos 2 cm; 150 g de jamón o tocino cortado fino; 24 champiñones; pimienta negra recién molida; 1 cucharada de aceite de oliva suave; 2 limones. **PREPARACIÓN** Envuelva un medallón de pescado con una loncha de jamón y corte los bordes sobrantes. Presiónelo suavemente para que quede plano. Atraviese los medallones, alternándolos con los champiñones. Sazone generosamente con pimienta y échele unas gotitas de aceite. Cueza y sírvalas como en la receta anterior.

GILDAS
(BROCHETAS DE ANCHOA, ACEITUNA
Y GUINDILLA)

La gilda clásica combina en un pincho una guindilla, una anchoa y una aceituna. La combinación de anchoas de buena calidad de color rosado, chiles pequeñitos, crujientes y lisos, y una aceituna recién deshuesada se convierten en una sofisticada mezcla. La idea ha ido variando hasta alcanzar las diferentes alternativas de pinchos presentadas en las páginas siguientes, sin que ninguna de ellas sea estrictamente una gilda, pero conservando el principio de una delicia presentada en un palillo.

Para 12 unidades

INGREDIENTES

100 g anchoas maceradas en
    aceite de oliva
285 g de guindillas en vinagre
    cortadas a trozos de unos 2 cm
225 g aceitunas verdes
    deshuesadas

UTENSILIOS

12 palillos de cóctel

PREPARACIÓN

Curve las anchoas y ensarte cada una en un palillo de cóctel, junto con dos o tres guindillas y una aceituna.
Ponga las gildas en un plato y sírvalas inmediatamente.

BANDERILLA TRADICIONAL. Para 12 unidades.

INGREDIENTES 185 g de atún blanco en conserva de primera calidad;
3 tomates partidos lateralmente en cuatro trozos; 3 huevos duros
grandes y partidos en cuatro; 12 filetes de anchoa de buena calidad;
3 patatas medianas hervidas y cortadas en cuatro trozos; vinagreta
(véase la página 74); 12 aceitunas verdes, deshuesadas o rellenas.

PREPARACIÓN Coloque un trozo de atún, un cuarto de huevo, uno de
tomate y una anchoa sobre un trozo de patata. Alíñelo con una cucharadita
de vinagreta. Ensarte una aceituna en un palillo de cóctel y atraviese
la pila con el palillo.

CHAMPIÑÓN, GAMBA, IBÉRICO. Para 12 unidades.

INGREDIENTES 12 champiñones sin los tallos; 50 ml de aceite de oliva
suave; el zumo de 1/2 limón; 1 diente de ajo grande triturado;
12 gambas cocidas peladas; 50 g de jamón cortado a tiras; 75 ml
de vino blanco seco; 1 cucharada de perejil fresco cortado fino.

PREPARACIÓN Hierva los champiñones a fuego lento con
abundante agua salada, con 2 cucharaditas de aceite y el zumo
de limón, durante unos 7-8 minutos. Escúrralos y déjelos enfriar.
Caliente el aceite restante y fría el ajo hasta que esté dorado. Coloque
los champiñones sobre una bandeja y rocíelos con el vino. Ensarte una
gamba y una tira de jamón en un palillo de cóctel antes
de atravesar el champiñón. Rocíelo con el aceite con sabor a ajo
y échele el perejil por encima.

BOQUERONES EN VINAGRE. Para 12 unidades.

INGREDIENTES 36 boquerones; 12 aceitunas rellenas de pimiento, almendra o limón; 1 diente de ajo grande triturado; 1 cucharada de aceite de oliva extra-virgen; 2 cucharaditas de perejil fresco cortado fino. **PREPARACIÓN** Ensarte tres boquerones doblados en un palillo de cóctel y añada una aceituna. Mezcle en un mismo recipiente el ajo, el aceite de oliva y el perejil y rocíe los boquerones.

GILDA FRUTOS DEL MAR. Para 12 unidades.

INGREDIENTES 115 g de mejillones en escabeche en conserva; 1 bote de 285 g de guindillas en vinagre; 1 bote de 285 g de marisco en aceite o vinagre.

PREPARACIÓN Monte una o dos piezas de marisco, seguidos de dos o tres guindillas pequeñas y, para terminar, un mejillón grande.

BROCHETAS DE AHUMADO CON FRUTA

Hoy en día se puede encontrar salmón ahumado en todos los supermercados. Sin embargo, resulta más difícil encontrar el tradicional bacalao que, en esta ocasión, hemos sustituido por caballa en conserva.

Para 12 unidades

INGREDIENTES

200 g de salmón ahumado

200 g de trucha ahumada

200 g de caballa en conserva

6 tomates cherry partidos por la mitad

12 uvas variadas, verdes y rojas, partidas por la mitad y sin pepitas

2 kiwis pelados y cortados en trozos de unos 2 cm

250 g bayas variadas (fresas, frambuesas, etc.)

6 aceitunas verdes deshuesadas y partidas por la mitad

pimienta negra recién molida

1 limón cortado a cuartos

UTENSILIOS

12 brochetas

PREPARACIÓN

Corte el pescado a trozos de unos 3-4 cm. Combine trozos de los tres tipos de pescado (doblándolos si fuera necesario) con los tomates cherry, la fruta y las aceitunas. Sazone ligeramente con pimienta y rocíelo con el zumo del limón.

TOSTAS

ANCHOAS CON PATÉ DE OLIVAS

Estas tapas se sirven sobre rebanadas de baguette tostadas, haciendo que este crujiente pan contrarreste la untuosidad de la tapa. Esta receta es una combinación especialmente deliciosa de anchoas maceradas agridulces con el intenso sabor del paté de aceitunas negras.

Para 12 unidades

INGREDIENTES

1 baguette

aceite para untar

2 cucharadas de paté de aceitunas negras

12-24 boquerones en vinagre

1 cucharada de aceite de oliva extra-virgen

3 cucharadas de vinagreta (véase la página 74)

PREPARACIÓN

Corte la baguette a rebanadas de aproximadamente 1 cm de grosor y riéguelas con un poco de aceite. Colóquelas sobre una bandeja y hornéelas durante unos 5 minutos o hasta que adquieran un tono marrón dorado.

Unte un poco de paté de aceitunas sobre las rebanadas de pan tostado. Retire los boquerones del adobo y écheles un poco de aceite de oliva. Ponga uno o dos boquerones, según el tamaño, sobre cada rebanada de pan tostado. Añada un poco más de paté de oliva y rocíelas con un poco de vinagreta.

NOTA: Puede utilizar cualquier tipo de ingredientes para crear sus propias tostas. Pruebe con lonchas de huevo duro combinadas con alcachofas en vinagre y tomates secados al sol, o con pimientos de piquillo rellenos de carne de cangrejo y mayonesa.

MONTADITO CASA VERGARA

Es sorprendente la cantidad de delicias que se pueden apilar sobre una rebanada de pan para preparar unos bocaditos extremadamente espléndidos. El País Vasco es especialmente famoso por su afán de superación en estos productos, maravillas tanto arquitectónicas como gastronómicas. La primera vez que probé esta receta fue en un bar de San Sebastián.

Para 12 unidades

INGREDIENTES

1 baguette

aceite para untar

2 cucharadas de mayonesa

200 g de salmón ahumado o trucha

12 boquerones en vinagre

3 cucharadas de vinagreta (véase la
   página 74)

24 gambas pequeñas

UTENSILIOS

bandeja para el horno

PREPARACIÓN

Corte la baguette a rebanadas de aproximadamente 1 cm de grosor y riéguelas con un poco de aceite. Colóquelas sobre una bandeja y hornéelas durante unos 5 minutos o hasta que adquieran un tono marrón dorado.

Unte las rebanadas de pan tostado con un poco de mayonesa. Ponga una capa de pescado ahumado y una de boquerones, aliñe con la vinagreta, coloque un par de gambas encima y, a continuación, un poco de mayonesa para terminar.

BERENJENA MONTADA. Para unas 12 unidades. **INGREDIENTES** 1 baguette a rebanadas; aceite para untar; 2 cucharadas de harina; sal y pimienta negra recién molida; 2 berenjenas estrechas cortadas en 24 rodajas delgadas; 2 huevos batidos; 100 ml de aceite para freír; 100 g de jamón; 12 setas pequeñas (por ejemplo, morillas); 6 pimientos del piquillo; 100 ml de aceite de oliva suave. **PREPARACIÓN** Hornee las rebanadas de baguette (véase la página 61). Espolvoree la harina sobre un plato y sazónela. Reboce las rebanadas de berenjena en la harina, y en el huevo batido y fríalas en aceite caliente. Séquelas sobre papel de cocina y resérvelas. Por grupos, fría el jamón y las setas en el aceite de oliva suave a fuego medio. Sobre cada rebanada de pan coloque una rodaja de berenjena, medio pimiento, una seta, un poco de jamón y, para terminar, otra rodaja de berenjena.

TXITXARRO. Para 12 unidades. **INGREDIENTES** 1 baguette a rebanadas; aceite para untar; 1 caballa mediana limpia; 1 puerro mediano cortado muy fino; 1 cebolla mediana pelada y cortada fina; 2 cucharadas de aceite de oliva suave; 1 hoja de laurel; 100 ml de vino blanco seco; 1 cucharada de vinagre de jerez; sal y pimienta negra recién molida. **PREPARACIÓN** Hornee las rebanadas de baguette (véase la página 61). Ase la caballa en el horno a una temperatura de 230° C durante unos 8-10 minutos. Pele y retire las espinas de la caballa una vez fría y resérvela. Poche el puerro y la cebolla en el aceite junto con la hoja de laurel. Añada el vino y el vinagre y déjelo hervir durante unos 8-10 minutos para que se evapore la mayor parte del líquido. Retire y deseche la hoja de laurel y sazone generosamente. Ponga una capa del puerro salteado, otra de caballa y finalmente otra de puerro sobre la rebanada tostada.

GAMBAS CON GUACAMOLE. Para 12 unidades. **INGREDIENTES** 1 baguette a rebanadas; aceite para untar; 1 aguacate maduro grande bien triturado; 1 tomate grande pelado, sin semillas y cortado a dados; 1 cebolla tierna cortada fina; 1 cucharadita de cilantro fresco cortado; sal y pimienta negra recién molida; 3 patatas medianas hervidas y cortadas a cuartos; 125 ml de alioli; 12 gambas grandes cocidas. **PREPARACIÓN** Hornee las rebanadas de baguette (véase la página 61). Para preparar el guacamole, mezcle el aguacate con el tomate, la cebolla tierna y el cilantro. Sazone bien. Cubra las patatas con la mayonesa y colóquelas sobre el pan. Ponga un poco de guacamole encima y adorne con una gamba.

MONTADITO DE GARBANZOS Y PIMIENTOS

Los garbanzos, con su característico sabor a nuez, son un elemento esencial de la cocina de Oriente Medio y del Mediterráneo, y llegaron a España gracias a los árabes. Los garbanzos cocidos son mucho más rápidos y fáciles de preparar que los secos, que deben reposar en agua durante una noche y hervirlos.

Para 12 unidades

INGREDIENTES

1 baguette

aceite para untar

1 bote de 400 g de garbanzos cocidos

2 cucharadas de aceite de oliva

el zumo de 1 limón

2 dientes de ajo triturados

2 cucharadas de perejil fresco cortado
   y un poco más para decorar

2 cucharaditas de pimentón
   picante

4 pimientos de piquillo cortados
   a tiras

sal y pimienta negra recién molida

UTENSILIOS

bandeja para el horno

PREPARACIÓN

Corte la baguette a rebanadas de aproximadamente 1 cm de grosor y riéguelas con un poco de aceite. Colóquelas sobre una bandeja y hornéelas durante unos 5 minutos o hasta que adquieran un tono marrón dorado.

Escurra los garbanzos y aclárelos en agua fría; resérvelos. Ponga el aceite, el zumo de limón y el ajo triturado en un cuenco y remueva. Añada, sin dejar de remover, el perejil cortado y el pimentón y, a continuación, los garbanzos escurridos y las tiras de pimiento. Remueva vigorosamente, aplastando ligeramente los garbanzos sin que lleguen a deshacerse del todo. Ponga una cucharada de masa de garbanzos sobre cada una de las tostadas y sírvalas inmediatamente adornadas con perejil.

TARTALETAS

BARQUETA WALDORF

Las tartaletas de hojaldre son un sustituto muy práctico del pan tostado, ya que pueden contener el resto de los ingredientes de manera mucho más limpia y causan un mejor efecto. Si no quiere elaborar su propio hojaldre, utilice hojaldre congelado.

Para 12 tartaletas

INGREDIENTES

250 g de hojaldre (véase la página 75) o 1/2 paquete de hojaldre congelado

harina para espolvorear

150 g de queso de cabrales, roquefort o cualquier otro queso azul

2 cucharadas de nata agria, nata fresca o yogur griego

75 g de nueces picadas

2 manzanas rojas crujientes a las que se les habrá quitado el corazón y se habrán cortado a dados

1 rama de apio pelado y cortado a dados

4 hojas de escarola

UTENSILIOS

12 moldes para tartaletas

PREPARACIÓN

Caliente el horno a 190° C.

Estire el hojaldre sobre una tabla espolvoreada con harina y forre con él los 12 moldes de tartaletas. Coloque las tartaletas en el horno y cuézalas durante unos 5 minutos o hasta que el hojaldre adquiera un tono dorado y empiece a hincharse. Retírelas del horno y déjelas enfriar. Mezcle el queso y la nata en un mismo recipiente antes de añadir las nueces, la manzana y el apio. Ponga un poco de escarola en el borde de las tartaletas y rellénelas con la masa.

VARIACIÓN: ATÚN AL CURRY. Para 12 tartaletas. **INGREDIENTES** 1 cebolla mediana cortada a dados; 1 puerro cortado a dados; 2 cucharadas de aceite de oliva suave; 400 g de atún en conserva; 100 ml de brandy para cocinar; sal y pimienta negra recién molida; 100 ml de nata ligera; 2 cucharaditas de salsa curry; 2 cucharadas de perejil fresco cortado. **PREPARACIÓN** Poche la cebolla y el puerro en el aceite. Añada el atún y remueva hasta que se desmenuce. Suba la intensidad del fuego, añada el brandy y préndale fuego cuidadosamente para flamear el atún. Cuando las llamas se hayan consumido, sazone y reserve la masa. Disuelva la salsa de curry en la nata una vez haya calentado ésta. Añada la nata al atún, vuelva a colocar el recipiente sobre el fuego y déjelo cocer durante 3-4 minutos, sin que el atún se deshaga del todo. Viértelo en las tartaletas, espolvoree con perejil y sírvalas calientes.

TARTALETA DE SETAS Y JAMÓN

El jamón y las setas son dos productos que combinan a la perfección. Los champiñones se pueden conseguir fácilmente durante la mayor parte del año.

Para 12 tartaletas

INGREDIENTES

250 g de hojaldre (véase la
   página 75) o 1/2 paquete de
   hojaldre congelado

harina para espolvorear

1 cucharada de aceite de oliva suave

1 cucharada de chalotes cortados
   finos

1 diente de ajo grande
   triturado

250 g de setas cortadas

100 g de jamón a dados

100 ml de vino blanco seco

1 cucharada de perejil fresco cortado
   fino

UTENSILIOS

sartén

moldes para tartaletas

PREPARACIÓN

Caliente el horno a 190° C.

Estire el hojaldre sobre una tabla espolvoreada con harina y forre los 12 moldes de tartaletas.

Coloque las tartaletas en el horno y cuézalas durante unos 5 minutos o hasta que el hojaldre adquiera
un tono dorado y empiece a hincharse. Retírelas del horno y déjelas enfriar.

Caliente el aceite en una sartén y poche los chalotes y el ajo durante unos 2-3 minutos. Añada las setas y el jamón.

Tras 1 ó 2 minutos, añada el vino y llévelo a ebullición lenta durante 7-8 minutos. Rellene las tartaletas, écheles el perejil
y sírvalas.

TARTALETA DE SALMÓN, ESPÁRRAGOS Y ALCACHOFA

Esta es una lujosa receta cedida por el Hotel Europa de San Sebastián. Prepararla requiere cierto tiempo, pero el esfuerzo vale la pena.

Para 12 tartaletas

INGREDIENTES

250 g de hojaldre (véase la
   página 75) o 1/2 paquete
   de hojaldre congelado
harina para espolvorear
250 g de filetes finos de salmón
   1 cucharada de azúcar

1 cucharada de sal
1 cucharada de especias frescas
   cortadas finas, como perejil, eneldo
   o perifollo
200 g de puntas de espárrago
   pequeñas
100 g de corazones de alcachofa en
   conserva

100 ml de aceite para freír

UTENSILIOS

1 sartén de base pesada
moldes para tartaletas

PREPARACIÓN

Caliente el horno a 190° C.

Estire el hojaldre sobre una tabla espolvoreada con harina y forre los 12 moldes de tartaletas. Coloque las tartaletas en el horno y cuézalas durante unos 5 minutos o hasta que el hojaldre adquiera un tono dorado y empiece a hincharse. Retírelas del horno y déjelas enfriar.

Ponga el salmón en el congelador durante media hora para que sea más fácil cortarlo fino. Coloque las lonchas sobre un plato, rocíelas con el azúcar, la sal y las especias, cubra el plato y déjelo macerar durante 2 horas, dándoles la vuelta una o dos veces. Utilice un pincel de pastelería para limpiar la superficie del salmón y resérvelo. Eche los espárragos en agua salada hirviendo, dejando que hierva y manteniendo el hervor a fuego lento durante un minuto y medio. Enfríelos con agua helada, escúrralos y resérvelos. Corte las alcachofas a trozos finos y fríalas en aceite hasta que queden crujientes. Caliente una sartén de base pesada y dore el salmón durante 30 segundos por cada lado. Ponga en las tartaletas una loncha de salmón, 2-3 puntas de espárrago, un trozo de alcachofa y sírvalas.

TARTALETA DE BACALAO

Freír en el mismo aceite el pimiento y el pescado les aporta un sabor espectacular, y moviendo la sartén durante la cocción se libera la gelatina natural del pescado con la que se elabora la deliciosa salsa conocida como pil-pil.

Para 12 tartaletas

INGREDIENTES

250 g de hojaldre (véase la página
    75) o 1/2 paquete de hojaldre
    congelado

harina para espolvorear

2 dientes de ajo triturados

2 pimientos rojos cortados
    a tiras

2 pimientos verdes cortados
    a tiras anchas

175 ml de aceite de oliva suave
    para freír

450 g de bacalao desalado

sal y pimienta negra recién molida

1 limón cortado a cuartos

UTENSILIOS

sartén

moldes para tartaletas

PREPARACIÓN

Caliente el horno a 190° C.

Estire el hojaldre sobre una tabla espolvoreada con harina y forre los 12 moldes de tartaletas. Coloque las tartaletas en el horno y cuézalas durante unos 5 minutos o hasta que el hojaldre adquiera un tono dorado y empiece a hincharse. Retírelas del horno y déjelas enfriar.

Caliente 2 cucharadas de aceite en una sartén y añada el ajo triturado y las tiras de pimiento. Fría lentamente las tiras de pimiento hasta que estén blandas, durante unos 10-12 minutos. Retírelas, deje que se enfríen y pélelas; a continuación, córtelas en tiras más estrechas y resérvelas.

Vierta el resto del aceite en la misma sartén. Ponga el pescado con mucho cuidado, con la piel sobre el fondo de la sartén, y déjelo freír durante 6 ó 7 minutos, agitando la sartén con frecuencia para que se libere la gelatina. Retire el pescado de la sartén, sáquele la piel y las espinas y desmenúcelo. Rellene las tartaletas con el pescado, adorne con las tiras de pimiento, sazone y vierta un poco de la salsa pil-pil. Rocíelas con un poco de zumo del limón, si lo desea, y sírvalas.

RECETAS BÁSICAS

SALSA ROSA

Esta salsa rosa es una variación de la salsa que se utiliza en el cóctel de gambas y resulta excelente para acompañar las croquetas.

500 ml de mayonesa de buena calidad
1 cucharadita de mostaza
3 cucharadas de salsa Worcester
2 cucharadas de coñac
2 cucharadas de zumo de naranja
1 cucharada (generosa) de ketchup
3 cucharadas de nata ligera
sal y pimienta negra recién molida

Ponga todos los ingredientes en un recipiente y mézclelos bien.

VINAGRETA

VINAGRETA Esta versión particular de la vinagreta incluye ingredientes como el pimiento o la guindilla para realzar el sabor de la salsa.

200 ml de aceite de oliva
50 ml de vinagre de vino tinto
sal y pimienta negra recién molida
1 cucharada de cebolla tierna cortada fina
2 cucharaditas de guindillas en vinagre cortadas finas
2 cucharadas de perejil cortado fino
2 cucharadas de pimientos de piquillo cortados finos

Mezcle en un cuenco el aceite y el vinagre y sazone al gusto. Añada, sin dejar de remover, cualquiera de los complementos propuestos, según sus preferencias. No olvide que, sea cual sea el complemento, deberá estar cortado muy fino.

HOJALDRE

El hojaldre puede resultar muy difícil de preparar, pero si tiene ganas de intentarlo puede obtener un resultado espléndido. El truco está en trabajar en un ambiente lo más frío posible y no permitir que se le calienten demasiado los dedos. Si mezcla la manteca y la harina con las manos, mójelas primero en agua fría y luego séquelas a conciencia antes de empezar.

225 g de harina pasada por un colador
una pizca de sal
30 g de manteca
150 ml de agua helada
140 g de mantequilla

Ponga la harina colada en un cuenco grande y mézclela con la sal. Deshaga la manteca en la harina con los dedos. Cuando haya obtenido una mezcla parecida a las migas de pan seco, empiece a añadir el agua helada. Remueva con un cuchillo hasta obtener una masa que deje limpios los lados del cuenco y que tenga una consistencia bastante elástica. Amase la pasta hasta conseguir una textura suave; retírela y envuélvala en papel transparente; déjela reposar en la nevera durante media hora.

Espolvoree un poco de harina sobre una tabla de madera o encima de la mesa y extienda la pasta hasta formar un rectángulo de 10 x 30 cm. Corte la mantequilla en forma de bloque plano de unos 9 cm. Coloque la mantequilla en el centro de la pasta y envuélvala primero con el extremo de la derecha hasta cubrir la mantequilla y luego con el de la izquierda. Presione sobre los bordes para evitar que la mantequilla salga. Dé una vuelta de 90º a la masa en sentido inverso al de las agujas del reloj. Ahora tendrá frente a usted el canto doblado. Extienda rápidamente la masa con el rodillo, de modo que ahora la pasta sea tres veces más larga que ancha. Dóblela exactamente en tres. Ahora tendrá delante el canto doblado cerrado. Presione los bordes con el rodillo y extienda la masa hasta obtener un rectángulo como el de antes.
Deje reposar la pasta durante media hora.
A continuación, extiéndala y dóblela dos veces más, déjela reposar y vuélvala a extenderla y doblarla dos veces más. Así, la pasta se habrá *girado* seis veces. Si observa manchas de mantequilla, tendrá que volver a extenderla y doblarla.

ÍNDICE DE RECETAS